AF438301

M. Henri GERMAIN, président du
Conseil général et député de l'Ain, a
prononcé à Châtillon-sur-Chalaronne,
le dimanche 19 avril dernier, devant
une réunion de maires de l'arrondissement de Trévoux, le discours sui-
vant :

MESSIEURS,

Avant de nous séparer, permettez-moi de
vous entretenir un instant. J'aurais voulu
vous parler surtout de vos routes, de vos
écoles, de vos églises. Nous serions heureux
de n'avoir à nous préoccuper que de savoir
nos chemins convenablement entretenus
nos écoles mieux aérées et dotées de mobi-
liers moins pauvres, nos églises restaurée
et dignes de nos populations religieuses
Mais, hélas, la France traverse une foi
encore une époque troublée et au lieu d
nous consacrer exclusivement à ces grand
intérêts et de réunir nos forces pour l

développement de notre prospérité, nous sommes divisés sur nos institutions politiques et depuis bientôt deux ans nous nous épuisons en de vains efforts pour fonder un gouvernement. Cette situation précaire se traduit partout, elle contribue à paralyser les affaires, à comprimer l'essor du crédit et du travail, à diviser nos communes.

Je ne m'attarderai donc pas à vous entretenir aujourd'hui des questions qui concernent l'arrondissement de Trévoux et le département de l'Ain; non, la plupart des souffrances locales que nous aurions à constater ont leur cause loin d'ici.

Je n'en citerai qu'un exemple. Si, dans l'arrondissement de Trévoux, le quart des maires a été révoqué, alors qu'un dixième à peine était frappé dans le reste du département; si, sur douze maires membres du conseil général, six ont été destitués; si, sous le coup de ces changements trop nombreux et trop souvent immérités, nos communes sont moins unies, notre département moins calme, ce n'est peut-être pas tant l'administration locale qu'il faut accuser que la faiblesse du gouvernement qu'il faut regretter.

Nous assistons, en effet, à un singulier spectacle. Nous voyons, à cette heure, tous les partis aux prises dans le pays, s'efforçant de s'emparer du pouvoir, à leurs yeux vacant. Hier, ils exigeaient des préfets et des sous-préfets à leur image ; aujourd'hui, il leur faut des maires de leur choix. Pour connaître exactement le parti auquel appartiennent les fonctionnaires d'un département ou d'un arrondissement, il suffit de savoir l'opinion des députés de cette région faisant partie de la majorité qui dicte ses ordres au cabinet.

Ah ! si c'est là ce qu'on entend par le régime parlementaire, si on veut faire choisir les fonctionnaires et administrer le pays par les représentants des divers gouvernements déchus, dont la coalition forme en ce moment la majorité de l'Assemblée, on aura bien vite éloigné les populations de ce régime et le jour est proche où la réaction contre un tel état de choses donnera de nouveau l'omnipotence au chef du pouvoir exécutif.

Si on ne laisse pas au chef de l'Etat la direction, l'administration, pour réserver aux Assemblées le contrôle, si on continue à confondre les attributions des pouvoirs, la nature des choses ne tardera pas à reprendre ses droits, et l'histoire de notre pays nous apprend que le jour où les Assemblées sortent de leur rôle est, malheureusement la veille de leur asservissement. Ce qu'on appelle en ce moment la trève des partis n'est que l'abdication du gouvernement au profit de ses adversaires, qui consentent à le conserver parce qu'il ne fait pas d'obstacle à leurs projets et que, le jour où ils seront maîtres du terrain, ils lui signifieront son congé.

A-t-on donc oublié l'histoire d'hier? Ne se souvient-on plus qu'au lendemain du 24 mai on annonçait que rien n'était changé, qu'on avait simplement voulu raffermir l'ordre, et, en conséquence, le pouvoir était confié au maréchal de Mac-Mahon pendant tout le temps que durerait l'Assemblée. Quelques mois à peine s'étaient écoulés, et, à la suite d'une visite célèbre, des députés, espérant trouver dans la Chambre une majorité pour instituer un autre gouvernement, ne s'occupaient même pas de celui qu'ils avaient créé quelques semaines auparavant. Ce projet de restauration monarchique ayant échoué, ceux-là même qui, la veille, croyant n'avoir plus besoin des services du président de la République, le relevaient, si lestement, de ses fonctions, lui dirent alors : Vous nous êtes encore utile; prêtez-nous votre nom pour couvrir notre déroute et nous permettre d'attendre un moment plus propice à la réalisation de nos projets. Puis, comme le pays avait été ébranlé et réclamait des garanties pour son repos, on lui fit espérer un répit de sept ans. C'est sur ce terrain que continuèrent à vivre ensemble et ceux qui, nombreux dans l'Assemblée mais plus rares en France, avaient voulu rétablir l'ancienne monarchie, et ceux qui, en faible minorité dans l'Assemblée mais aujourd'hui moins faibles dans le pays, attendent le rétablissement de l'empire. Les premiers pensaient que, le jour où ils retrouveraient un candidat pour la monarchie, ils pourraient retrouver dans l'Assemblée les mêmes voix qu'au mois d'octobre dernier, et que dès lors il fallait surtout se réserver le bénéfice du temps ; les seconds n'ignoraient pas qu'un jour ou l'autre la nation aurait voix au chapitre, et que le parti qui sortirait victorieux du scrutin serait maitre du pays. Ils croyaient que leur candidat n'avait rien à perdre à l'ajournement du vote. Ainsi fut continué le provisoire, et l'avenir fut réservé, par un commun accord, entre ceux qui comptent encore sur la Chambre actuelle et ceux qui comptent sur le pays pour faire passer aux mains de leur parti la direction des affaires de l'Etat. Le septennat fut ainsi voté par les partisans de la monarchie et de l'empire et repoussé par ceux qui voulaient consolider le gouvernement dans les mains actuelles pour couper court aux compétitions de pouvoir. Si quelques personnes ont pu avoir des illusions sur le vote du 20 novembre, qu'elles regardent ce qui se passe aujourd'hui, et elles constateront que rien, malheureusement, n'a été fondé et que nous nous débattons encore dans le provisoire.

Comment mettre fin à cette situation précaire, et faire, du pouvoir confié au maréchal de Mac-Mahon, une réalité vivante?

Voilà ce que je veux examiner maintenant.

Pour atteindre ce résultat, il faut, avant tout, dégager le président de la République de son ministère, afin qu'il exerce le rôle d'un chef d'Etat. Tout chef d'Etat, quel que soit son nom, doit représenter la majorité de la nation vis-à-vis de laquelle il est responsable, comme le ministère doit représenter la majorité du Parlement dont il est l'expression. Ce qui est vrai en tout temps, l'est plus encore aujourd'hui où, en raison des circonstances exceptionnelles dans lesquelles l'Assemblée nationale a été élue, il existe entre elle et la nation de grandes divergences de vues. En février 1871, on était trop près de Sédan pour que ceux qui avaient été mêlés activement à la politique de l'empire ne fussent pas exclus par les électeurs ; il était également naturel que les populations se détournassent du parti alors au pouvoir, car il avait refusé au pays le droit de faire entendre sa voix, et il n'avait pas eu le succès pour excuse de sa dictature. Les représentants du régime tombé le 4 septembre et de celui qui lui avait succédé étant écartés, on devait nommer surtout des partisans de la monarchie ; aussi compte-t-on des royalistes en beaucoup plus grande proportion dans la Chambre actuelle que dans le pays. Nous expions en ce moment la faute dont se rendirent coupables ceux qui, le 4 septembre, ne convoquèrent pas la nation. Quoi qu'il en soit, le ministère actuel est l'image fidèle de la majorité de la Chambre dont il relève ; il en exprime les sentiments ; il est donc ce qu'il doit être, et c'est parce que le Parlement ne pouvait pas obtenir un ministère à son image que, le 24 mai, il a renversé l'homme d'Etat qui représentait fidèlement le pays ; mais, s'il est juste de reconnaître que le ministère actuel est le délégué docile de la majorité de l'Assemblée, il n'est pas moins certain qu'il est en contradiction flagrante avec la majorité de la nation.

Pour connaître le nombre des échecs infligés au cabinet par les électeurs, on n'a besoin que de compter le nombre des scru-

tins; nous savons, à n'en pas douter, par
ses réponses successives et toujours les mêmes, ce que le pays ne veut pas : il proteste
contre le retour de l'ancienne monarchie et
contre le cabinet qui le représente à ses
yeux. Mais que veut-il ?

Si le ministère actuel n'est pas obligé de
survivre à la Chambre, il n'en est pas de
même du chef de l'Etat, qui doit exercer
pendant sept ans le pouvoir ; il faut qu'il soit
en communauté d'idées avec la majorité de
la nation, et que, le jour où la France sera
appelée dans ses comices, son nom rallie les
conservateurs.

Je suis loin de méconnaître l'utilité des
lois constitutionnelles. Je désire ces lois
encore plus que je ne les espère dans l'état
actuel de la Chambre. Je crains un peu que
le ministère, malgré ses efforts, ne puisse
ajouter au septennat que des adjectifs ;
mais, même dans l'hypothèse la plus favo-
rable, en supposant les lois constitution-

nelles votées, il restera une formalité essentielle à remplir pour donner la vie à ces institutions et les rendre durables : c'est la sanction de la nation donnant la majorité de ses suffrages à des hommes représentant la même politique que le chef de l'Etat et venant lui donner leur concours.

Que veut donc cette nation ? Quel langage doit lui tenir le chef de l'Etat pour être compris et suivis par elle ?

Malgré ses nombreux gouvernements et, en apparence, ses contradictions, la France, depuis bientôt un siècle, veut la même société civile et les mêmes institutions politiques. Elle repousse ceux qui, à droite ou à gauche, menacent la société moderne telle qu'elle est sortie de la Révolution de 89 ; elle tient en défiance ceux qui, n'ayant pas conservé du passé un mauvais souvenir, croient que le niveau égalitaire s'est trop appesanti sur ce pays en confondant toutes les classes, et qu'il faut restituer à la noblesse et au clergé une partie de leur ancienne influence. Elle redoute plus encore. ceux qui veulent une révolution et proclament l'avènement d'une nouvelle couche sociale. Les premiers sont peu nombreux, ils ont peu à espérer du suffrage universel; les seconds comptent un plus grand nombre d'adhérents et sont même en majorité dans certaines parties de la France, surtout dans les grandes villes.

Je n'ai pas à expliquer ici comment, à la vue du contraste continuel de l'extrème opulence et de la dernière misère, les esprits s'aigrissent et comment ils rêvent un état social dans lequel la distribution des richesses serait plus égale. Vainement on leur démontre le vide de leurs systèmes, vainement l'histoire de notre siècle leur apprend que toutes les tentatives socialistes n'ont abouti qu'à répandre du sang et à semer des ruines ; on ne parvient pas à empêcher des malades que la science est, hélas ! impuissante à guérir et la charité à

soulager, de chercher des spécifiques et d'a-
voir trop souvent recours à des charlatans.
Réunis, ces adversaires de la société moderne ne forment qu'une minorité, et tout
gouvernement doit éviter de s'appuyer sur
les légitimistes ou sur les radicaux, sous
peine de s'aliéner promptement la grande
majorité du pays.

La France a, depuis longtemps aussi, in-
diqué ses préférences politiques ; elle s'a-
chemine depuis près d'un siècle, et souvent
par de longs détours, vers un pouvoir exécutif électif et des Assemblées représentant l'ensemble des citoyens. Il est facile
sans doute de donner au chef de l'Etat des
noms différents et d'assigner à la durée de
son pouvoir les dates les plus diverses ;
mais, qu'il s'appelle roi, empereur, consul
ou président de la République, l'histoire
nous enseigne que depuis un siècle, en
France, le chef du pouvoir a toujours été,
en dépit même de certaines Constitutions,

responsable devant la nation, et que le jour où il a perdu sa confiance, il a perdu le pouvoir. Dès lors, entre un président de la République rééligible et le pouvoir héréditaire d'un roi ou d'un empereur que la nation ne conserve que quelques années, quelle est, en fait, la différence ? Peuple et roi pensent aujourd'hui en France si bien de même sur ce sujet, que l'empire héréditaire, se sentant affaibli par les fautes de sa politique étrangère, n'hésitait pas à se remettre aux voix en 1870, espérant puiser une nouvelle force dans un nouveau scrutin. Nous en sommes ainsi arrivés à l'idée contraire de l'hérédité, qui fait que le pouvoir est d'autant plus accepté qu'il est plus ancien. Parler, dans notre siècle et dans notre pays, de monarchie héréditaire, c'est faire de l'histoire ou de la théorie. Nous ne sommes plus dans cette situation où une famille domine tellement les autres et incarne si complètement la nation qu'elle seule peut fournir des candidats au pouvoir suprème. Il nous faudrait des siècles pour refaire une véritable dynastie, c'est-à-dire une famille sans compétiteurs au pouvoir. Nous ne sommes pas non plus arrivés à l'état des peuples qui n'ont jamais connu la monarchie héréditaire ; aussi, en dehors des glorieux parvenus, des généraux victorieux ou des hommes d'Etat illustres, nous avons encore pour candidats au pouvoir les descendants de ceux qui ont régné sur la France. Si, au lieu de vivre des souvenirs du siècle dernier, nous voulions ne voir que les choses, les mots de monarchie ou de république exciteraient chez les uns moins d'enthousiasme et chez les autres moins de colère. On peut, en France, donner le nom de roi ou d'empereur au chef de la nation ; on ne peut refaire une dynastie ni empêcher la démocratie de grandir. On peut également proclamer la République, mais on ne saurait empêcher de réélire son président s'il

a conservé la confiance du pays, ni suppri-
mer par des décrets les malheureux, les
mécontents de leur sort et les ambitieux.

Messieurs, je vous propose, en terminant,
de porter un toast au glorieux soldat de
Magenta. Souhaitons que son gouvernement accomplisse ses sept ans. Pour que ce
vœu se réalise, il importe que le maréchal de
Mac-Mahon ne tarde pas davantage à deve-
nir le chef de ces sept millions de conservateurs affamés d'ordre, mais résolus à pré-
server de toute atteinte la société moderne,
qui n'a de privilége pour aucune classe et
n'accorde ses faveurs qu'à la science et au
travail.